# Die Legierung des Schildes

## Eine Tugend des Schicksals

Manuel Mendez Fracci

# Inhaltsverzeichnis

# Vorwort

Um seine emotionale Intelligenz und seine konstante Anwesenheit auf dieser Welt zu bewahren, ist es unabdingbar, dass man seine Seele wie von einem Schild umgeben sieht.

Dieses Schild wird prachtvoll, meist auch unsichtbar von uns getragen.

In jeden Kampf den wir führen hält uns dieses Schild bei Verstand und unseren Körper bei Bewusstsein.

Ein Schild welches Legierungen hat, dessen Imprägnierungen unsere Seelen und physischen Körper umgeben. Wie ein unsichtbarer Ether im Kosmos des Individuums, wird diese Energie in unserem Körper das stetige Schild bis zum Ende sein.

Die Legierungen des Schildes sind der Einklang der Elemente des Körpers und des Geistes. Die Verbindung zwischen physisch und psychisch. Es wird in vielen Kulturen das fünfte Element genannt. Doch ist es weitaus mehr als das.

Denn unser Schild und dessen Legierungen können wir selber beeinflussen und uns gegen Unebenheiten des Lebens wappnen.

Um ein Schild zu benutzen muss man immer wissen wogegen man etwas benutzt und wie man es halten muss.

So ist es auch mit diesem Schild. Doch die meisten Schutzmechanismen sind bereits in unsere Seelen geprägt, sodass wir gegen die meisten Sachen automatisiert gewappnet sind mit einer Hand trägt unsere Seele ein Schwert und mit der anderen ein Schild. Dies ist imaginär zu verstehen. Es ist eine Art Programmierung der Sinne.

Ungefähr wie die angeborene Intelligenz oder das Verständnis an sich, haben wir auch ein angeborenes mentales Schild. Hierum geht es insbesondere in diesem Buch.

Es geht um die Verbesserung des mentalen Schildes, welches jemanden bis zu 80 % von der Masse abhebt und das eigene Schild besser beherrschen lässt.

Es geht nicht darum eine Legierung von Kupfer auf Gold zu upgraden, vielmehr um das Handling und die Benutzung an sich

Wer Schwachstellen erkennen kann und sich intensiv mit sich selbst beschäftigt, der kann eine Optimierung von bis zu 300 % für sein Leben bewirken.

Es sind meist wenige Schritte, welche zu dem besagten Mehrwert führen.

Eine große Spannung ist hierbei nicht notwendig, da dies jeder mit sich und seinem Corpus vollziehen kann.

Weder schwarze Magie noch Hexenwerk.

Im Laufe der Zeit sind wir sehr stumpf geworden und haben aufgehört für uns selbst und unsere Vorfahren zu existieren. Wenn man bedenkt, dass viele Vorfahren hart gearbeitet haben damit es uns möglicherweise besser geht, dann stellt man meist fest das wir nicht mehr in dieser Perspektive leben, da es uns Stückweise besser geht.

Doch geht es uns wirklich besser?

Wenn man ehrlich ist, arbeiten ca. 99% für die Wünsche und Ziele von anderen und nicht für die eigenen.

1% lassen 99% die Arbeit verrichten, damit die Veränderungen ins Laufen bringen können.

Man muss sich nichts vormachen, wenn man nun denkt das es nicht so ist.

Das Prinzip ist ziemlich einfach zu verstehen, weshalb man dieses Prinzip auf sich selbst anwenden kann.

Im Existieren auf dieser Welt, bekommt man sehr viele Kratzer und Schwertschläge gegen sein mentales Schild. Es gehört aber zu 100 % dir.

Das heißt im Umkehrschluss, dass man dieses Schild selbst mit den schönsten Metallen bestücken kann und sich jederzeit ein neues Schild bauen kann. Man kann sein mentales Schild auch erneuern oder auf reset setzen.

Nicht nur Regierungen, Länder oder Institutionen haben eine Bilanz, sondern auch jeder einzelne Mensch.

Wenn man dies erkennt kann man sein Handling vom Schild und das Schild selbst optimieren bis zum Maximum.

Es ist nämlich so, dass die meisten im übertragenen Sinne mit einem Kupferschild herumlaufen, welches mit Kerben übersät ist und das Handling reinste Katastrophe ist.

Genau hier setzten wir an.

Die Einsicht, dass sein mentales Schild bröckelt oder viele Schaden im Laufe des Lebens erlitten hat.

Das Schild wurde von anderen benutzt und man selbst wurde mit Wertigkeiten beraubt, welche man wieder herstellen muss, damit man für die nächste Abwehr optimal vorbereitet ist.

Unser angeborenes mentales Schild übernimmt soviel, dass wir es meist gar nicht wissen. Viele leben auch so als würde dies ewig anhalten. Das tut es nicht. Denn es gibt Situationen im Leben, welche uns mit Schild und Schwert auf die Knie zwingen werden.

Die beste Version von sich selbst zu sein, ist ein stetiger Kampf im Leben. Doch das Schild, welches mit unserer emotionalen Intelligenz sowie mit unserer Intuition verbunden ist, kann uns hierbei enorm helfen.

Man sagt sich immer vielleicht irgendwann, werde ich mal glücklich.

Vielleicht irgendwann komme ich an oder vielleicht wird es ja wieder besser sein.

Das ist auch eine Art Selbstschutz und gehört zur Automatisierung des mentalen Schildes.

Unser göttlicher Körper ist so schlau, das er sich sogar selbst zuspricht und im Unterbewusstsein lobt und Mut zuspricht.

Viele haben bereits hervorragende Mechanismen vom mentalen Schild. Doch viele haben es nicht oder sie haben gar keine Kenntnis hiervon. Umso wichtiger ist es, dass man dieses Thema anspricht.

In den blauen Zonen auf der Welt leben die ältesten Menschen auf der Welt. Sie werden über 100 Jahre. Vergleicht man jetzt Menschen mit Bäumen dann sind 100 Jahre ein Witz.

Einer der ältesten Bäume auf der Welt ist über 20.000 Jahre alt und von Felsen oder Steinen will man gar nicht erst anfangen.

Doch warum ist hier jetzt eine Parallele zu erkennen?

Es ist das Robuste. Ein Baum der Äste verliert, dem wachsen neue Äste nach.

Ein Stein der Masse verliert, wird vom Wasser zur Perfektion geschliffen.

Ein Mensch heilt seine Wunden ganz von alleine und sein mentales Schild ist wie eine nachwachsende Baumkrone, die Erholung braucht.

Im nachstehenden geht es darum, zu erkennen warum und wieso es so wichtig ist sein mentales Schild zu optimieren.

Es ist die Wertigkeit des mentalen, welches das nächste Jahrhundert bestimmen wird.

Um sich selbst auf Manipulationen und fremden Einfluss zu schulen, müssen besondere Erkenntnisse vor der Anwendung stattfinden.

# Die Fassade der Dunkelheit

Wer kennt schon einen Serienmörder, welcher sich als Serienmörder benennt und für sein Verlangen Werbung macht.

Wer kennt schon ein Kinderschänder, welcher offensichtlich einfach so Kinder vor anderen belästigt.

Wer kennt schon ein Verbrecher, welcher sich mit seinem Verbrecherausweis vorstellt.

Kaum niemand wird sich richten lassen, hierzu dient auch der eigene Selbstschutz.

Die Fassade der Dunkelheit trägt oft einen Namen, sie heißt Halbwahrheit unter dem Deckmantel der Lüge.

Die dunkelste Form ist eine Unwahrheit als Wahrheit zu tarnen.

Die Kunst der Manipulation erlaubt es, dass die Intuition von Millionen Menschen verblendet wird. Hierzu gibt es Fachbegriffe, welche aber nur zweitrangig sind und nie immer eindeutig zutreffen werden.

Wir lernen generell nur das was uns überhaupt ermöglichst wird.

Die Fassade der Dunkelheit schmückt sich oft mit falschen Dogmen und tarnt sich als Feier, Feiertag, Wahrheit, Wissenschaft, Profi, Fachmann oder als Opfer.

Doch die am meist angewendete Fassade ist die des Nutzens.

Welcher Mensch möchte schon ein Angebot ausschlagen, welches einen Nutzen hat und günstig oder umsonst zur Verfügung gestellt wird.

Die unendliche Heilung und der versprochene Geldsegen. Es ist leicht zu erkennen was vor unseren Augen forciert wird.

Doch sieht man immer wieder Millionen von Gläubigen, die Leichtsinnigkeit mit dem Löffel gegessen haben.

Und genau hier heißt es - STOPP.

Hier gibt es ein Stoppschild für das mentale Schild. Während jemand anderes unser Schild Legierungen umsonst anbringen möchte, sind wir angreifbar für Manipulation.

Deshalb ist die Leichtsinnigkeit der Menschen ein ziemlich heftiges Thema.

Mit dem Leichtsinn werden Menschen legal getötet und gute Menschen zu Mördern.

Auch ein wegschauen wird hier nicht schützen, denn der Leichtsinn liegt im Detail.

Leichtsinn der oft mit Unwissenheit oder Dummheit einhergeht ist die größte Volkskrankheit.

Es ist das Vertrauen in Institutionen, andere Menschen und das Vertrauen in sich selbst.

Die Fassade der Dunkelheit wird vielen wahrscheinlich gefallen, weil sie die böse Zunge und das stille Flüstern der Verführung ist.

Wie ein Zuckerbonbon mit einer schöner Verpackung, wird die Ursache verschwiegen und die Symptomatik behandelt.

Das mentale Schild der anderen wird wie auf einem Schwarzmarkt der Seelen verhandelt, behandelt und verschandelt.

Gewiss ist auch oft eine Halbwahrheit mit beigefügt. Wie jeder weiß gibt es beispielsweise Medikamente, welche gegen eine bestimmte Sache helfen und im Umkehrschluss aber etliche Nebenwirkungen haben und dadurch mit dem Faktor 100x weitere Krankheiten auslösen.

Doch wir nehmen diesen Multiplikator nicht allzu ernst, warum sollte es uns treffen. Wir vertrauen in uns selbst und in die Firmen die etwas anbieten. Warum sollte man auch alles so negativ sehen.

Genau hierbei ist der Knackpunkt, welches die Fassade der Dunkelheit zu nutzen vermag.

Sie wollen keine Heilung, denn ihnen geht es um Profit.

Genau wie ein Kinderschänder den Kindern nicht mit Süßigkeiten glücklich machen möchte, denn er möchte sie ablenken und zum eigentlichen Zweck fortschreiten.

Die Verführung. Der Leichtsinn. Die Dummheit.

Töteten in der Vergangenheit mehr Menschen als jeder Krieg. Doch das töten ist hierbei auch nur zweitrangig.

Vielmehr ist es der Schaden an dem mentalen Schild und an dem physischen Corpus selbst.

Es ist deshalb umso besser, dass es hierzu auch eine Gegenseite gibt.

Ein Ausweg aus dem Labyrinth der Schatten in das Freie und aus dem verwirrten Zwiespalt heraus.

Wie die Sonne, ist auch die Intuition verlässlicher Natur.

## Die Rettung des Lichtes

Wer einmal kalte Tage ohne die pralle Heizung verbracht hat und nach der kalten Nacht mit Minus Temperaturen die pralle Morgensonne genießt, der weiß, dass Licht eines der schönsten Dinge auf der Welt ist.

Ein Licht was aufgeht. Doch auch im Kopf kann uns manchmal ein Licht aufgehen.

Nicht vielen geht oft ein Licht auf, da sie hochgradig durch Schattenarbeit degradiert sind.

Schattenarbeit ist jetzt nicht wirklich Magie sondern hat eher damit zutun wer Herrscher des eigenen Lichtes ist und wer dies wie ein schwarzes Loch einnimmt.

Die Theorie von schwarzen Löchern, kann man nicht wirklich belegen. Doch in unserem Alltag sehen wir regelrechte psychische schwarze Löcher, welches die Massen verschlingt mit all ihrem Denken und Handeln.

Die Rettung des Lichtes kann mit der Theorie entstehen, dass ein Stern in der Dunkelheit erschaffen wird.

„Erst ein Chaos im eigenen Corpus führt zur Geburt eines tanzenden Sterns".

Manuel Mendez Fracci

So schreiten wir fort mit der eigentlichen Bedeutung des Lichtes, welches nicht nur um uns ist sondern auch von uns selbst und von den Mitmenschen aktiv erschaffen wird.

Viele sagen hierzu Ausstrahlung, Nächstenliebe oder auch Denkanstöße oder einfache Handlungen.

Manche Menschen sind wahrlich als Lichtwesen geboren und verändern die Welt auch im Positiven.

Zum Kontrast der Schattenarbeit, welche auf Manipulation von Geist und Materie gedrillt ist, wird hier Materialismus, illusionärer Wert und Macht im eigentlichen Sinne komplett verdreht.

Materialismus wird von Gegenstände haben zu Werte haben und teilen.

Manipulation von Geist und Materie wird zu Kenntnisse teilen und Lösung statt Probleme zu schaffen. Die direkte Ursache an den Kragen packen, statt immer wieder neue Hemden zu schneidern.

Illusionärer Wert wie in dem großen Schneeballsystem, wird zu einem Schneemann gebaut und es entsteht die Erkenntnis von wahrem Wert durch Mitmenschen, Tauschgeschäften, Wissen und durch das Zusammenleben mit der Natur selbst.

Macht wird nicht als Kontrolle genutzt sondern als Bereicherung von anderen und für andere, welches die Macht als eigentliches noch viel mehr steigert.

Minderheiten werden zu Mehrheiten.

Baukasten werden entschlüsselt und es werden neue Lichtwesen erschaffen.

Es ist leider so auf dieser Welt, dass

80 % Folgen

10 % Erschaffen

und 10 % Zuschauer

sind.

Es kann alles geändert werden. Die Frage wofür wir auf dieser Welt sind ist eigentlich überflüssig weil die meisten es bereits wissen.

Die ersten Fragen in einer Runde bestimmen bereits deinen Wert.

So lassen wir uns mal die Fragen durchgehen.

- Als was arbeitest du?

- Hast du ein Haus oder eine Wohnung?

- Welches Auto fährst du?

- Welchen Bildungsgrad hast du?

Am besten legt man direkt einen vorgefertigten Lebenslauf hin um die ersten Unannehmlichkeiten zu dezimieren.

Hinzu kommt noch Alter, Gewicht, Größe, Hobbys und man denkt man kennt den Menschen auswendig.

Diese Fragen finden nach dem ersten Blick und dem ersten Eindruck statt.

Der erste Eindruck ist dann eher wie gesund und wie schön jemand aussieht. Die Ausstrahlung ist das A und O. Warum sagt man A und O. Es ist das Alpha zu dem Omega.

Anfang zum Ende.

Es ist immer ein relativ ähnliches Schema was in einer materialistischen und mental versklavten Welt eine Rolle spielt.

Was kann schon eine Rolle spielen. Uns sagen bestimmte Redewendungen schon, was wir überhaupt machen. Was spielt eine Rolle und was

nicht.
Wir sind alle nur hier um eine Rolle einzunehmen.

Die eigentlichen Fragen sollten jedoch sein:

- Wie gehst du deinen Weg um glücklich zu sein?

- Wie sehr bist du wirklich Selbstbestimmt?

- Wem gibst du am meisten von deiner eigenen Energie?

- Wer bestimmt deinen Alltag?

- Was wird man von dir erzählen, wenn du nicht mehr existierst?

- Was wird dein Vermächtnis?

- Welche Menschen schwingen auf deiner Wellenlänge und vor Allem welche Menschen akzeptiert du, wenn sie nicht auf der eigenen Wellenlänge sind?

Zurück zum Licht.

Jedes Licht wirft Schatten. Man kann nicht erwarten das alles Gold ist und es ist wahrlich nicht alles Gold was glänzt. Dennoch sind diese Akzente der Menschen in der Welt - die Lichtwesen - eine tragende Kraft für all das sinnlose und manipulierende, womit wir wahrscheinlich jeden Tag auch unterbewusst konfrontiert werden.

Wenn man schlechte Laune hat, dann ist man nicht empfänglich für noch mehr schlechtes und man möchte vielmehr etwas haben, was die Laune wieder positiv erscheinen lässt.

Dies geht einmal durch Verständnis oder durch Ablenkung oder Lösung der schlechten Laune.

Man findet demnach viele Menschen die ein ähnliches Schicksal haben. Da wir alle ziemlich gleich geschaltet in einem Spektrum oft die gleichen Probleme hat, findet man hiermit sehr schnell Verständnis von Situationen und Bedingungen, welche anders ähnlich haben und die gleiche Wellenlänge in gewissen Situationen aufweisen, da die Erfahrung unser bester Lehrer ist.

Ablenkung findet man auch immer wieder, wofür Spiele und Spaß uns vor den eigentlichen Problemen etwas ablenken kann. Es geschieht eine kurze Zufriedenheit, die schnell wieder verschwindet und uns zurück zum Problem katapultiert.

Lösungen sind meist als aller erstes die Erkenntnis, dass man überhaupt ein Problem hat und die Beschäftigung wie man dieses Problem löst. Meist hapert es an der Ursache und man ist erstmal damit zufrieden das man einen Rauschzustand der Symptomatik durch das Problem hat. Doch der Rauschzustand der Symptomatik ist der Hauptgrund zu weiteren Problemen.

Lösungen sind oft auch unangenehm für Menschen die vielmehr die Symptomatik bevorzugen. Doch das Problem an seiner Wurzel anzupacken, benötigt nicht nur einen starken willen sondern ist auch mit Arbeit verbunden, welche manche nicht bereit sind zu ihrem sowieso schon anstrengenden Alltag hinzu zu addieren.

Hier kommt die Rettung des Lichtes. Viele müssen diese Arbeit nicht mehr machen, da bereits andere die komplette Arbeit des Nachdenkens, des Lesens, des Informierens von Ursachen übernehmen.

Doch sollte man alles Blind glauben?

Man sollte sich mit Intellekt und Intuition beschäftigen.

Es ist das natürliche Betriebssystem, das Motherboard unter den Komponenten. Ohne das Motherboard wird auch der eingebaute Arbeitsspeicher oder der Coreprozessor nicht laufen.

Die Arbeitskraft und die eigene Energie ist nichts wert wenn man nicht weiß wie man damit umzugehen hat oder wem man diese schenkt.

Genauso ist es mit den Informationen die man egal woher bezieht. Wissen ist nichts wert wenn man nicht weiß woher es kommt und mit welchen Absichten es ausgesendet wurde.

Man muss erkennen, dass viel Wissen der Manipulation dient und Verschiebungen der Realität zur Verantwortung hat.

So glauben manche wirklich alles und nichts.

Gleichgültigkeit ist nicht wirklich besser als Unwissenheit.

Das Licht wird jedoch immer da sein.

Dummheit ist zum Glück nichts lineares sondern etwas abstraktes.

Abgestempelt werden nur systemrelevante Sachen. Doch systemunrelevante Sachen sind meistens diese, welche dem normalen Menschen einen Profit im Leben erweisen.

Systemrelevante Sachen sind immer in der direkten Symbiose mit Profit.

In manchen Lexika ist nicht umsonst der Begriff „Kreator" ein veralteter Begriff mit wenig Nutzung. Die meisten sind sich gar nicht dem Unterschied zwischen Kreator und Anwender bewusst.

Ein System wird so aufgebaut, dass der Anwender alle Sachen nutzen kann. Kleine Buttons wie in einem Dashboard im PC werden die meisten nicht dafür geschult neue Systeme oder Anwendungen zu erschaffen sondern nur als Anwender geschult wie man diese Mechanismen gebrauchen kann.

Viele Menschen sind Anwender. Wie bereits oben erwähnt. Folger. Sie folgen und führen aus.

In Einem Schulsystem zum Beispiel gibt es Sachbücher. Sie werden uns zum Anwender programmieren, da wir zur Sache geschult werden. Präzise und sehr genau sowie schlau können wir Sachen anwenden.

Manchen macht dies sehr großen Spaß und sind innerhalb ihrere eigenen Methodik in der Sache Professor oder Doktor.

Doch es gibt immer eine Instanz aus welcher neue Instanzen hervor gehen werden.

Die Macher. Die Erschaffer. Die Kreatoren.

Auch hier gibt es (zum Glück) auch Lichtwesen.

Möglicherweise ist es bei einigen Tief in die DNA geprägt, dass wir für diverse Sachen eine Leidenschaft entwickeln.

Manche sind total zufrieden wenn sie Anwender sind und mache wenn sie Kreator.

Eine Idee des Kreators ist erst dann wertvoll wenn sie Anwender findet. Deshalb ist nicht eins besser oder schlechter. Es ist ein gemeinsames Konstrukt.

Es gibt ein afrikanisches Wort, welches hierzu sehr
gut passt.

## Ubuntu

„Menschlichkeit"

Ich bin,weil wir sind.

Ich bin, weil du bist.

Menschlichkeit gegenüber anderen.

Die tiefe Verbundenheit die wir eigentlich alle teilen.
Denn es gibt keinen Menschen der nicht mindestens
eine Gemeinsamkeit mit einem anderen hat.

Zufälligerweise heißt so auch ein Betriebssystem
von Linux. Dieser Name wird mit Sinnhaftigkeit von
spezialisierten Kreatoren angewendet. Vielleicht in
der kreativen Hoffnung, dass Menschen den
Zusammenhang erkennen.

In einer so unnatürlichen Sache eine so natürliche
Botschaft zu finden, ist die Essenz des Lebens und
zeigt, dass die Natur überall ihren rechtmäßigen

Platz einnimmt. Wobei man natürlich immer wissen muss das alles unnatürliche durch das natürliche erst ihren Platz findet.

Ein PC wird durch Komponente der Natur gebaut und auch das künstliche Licht findet Achtsamkeit durch unsere natürliche Augen.

Manche Menschen sind Weltveränderer und andere wiederum Genießer der Veränderung an sich.

# Die Elemente der Tugend

Eine vornehmliche Haltung oder Tüchtigkeit. Dies beinhaltet eine Tugend, welches heutzutage was Begrifflichkeit nur noch sehr selten verwendet wird. Es war zu einer Zeit wo dies normalerweise Grundvoraussetzung war, dass man die Elemente der Tugend zu verstehen vermag.

Wer Tüchtigkeit war oder wer dies an anderen Gesehen hat, der hat ihn automatisch für nobel oder kultiviert gehalten.

Die Elemente der Tugend sind vielseitig.

Attraktiv machen sie vor Allem besonders, weil eine Vornehme Haltung Selbstbewusstsein ausstrahlt und anderen zuspricht.

Die Tugend an sich an besondere Merkmale wie Demut, Mildtätigkeit, Keuschheit, Geduld, Mäßigung, Wohlwollen und Fleiß.

Als Kontrast hat die Untugend Hochmut, Habgier, Wollust, Zorn, Völlerei, Neid und Faulheit.

So wollen wir die Elemente in die Gesellschaft übertragen und sehen schnell, dass die meisten Menschen in der Untugend gefangen sind.

Hierdurch, wenn man die Elemente der Tugend versteht also sowohl die Handlungen als auch die geistige Tugend, dann werden die Aspekte der Tugend zu einer sittlichen und wertvollen Charakter Eigenschaft im Maskulinen als auch im Femininen.

Jemand der die Tür für jemanden aufhält, spricht der anderen Person einen Wert zu und fühlt sich dabei selber gut. Er bekommt Respekt durch den liebevollen Umgang mit seinen Mitmenschen und respektiert sich durch Selbstreflektion selbst mehr.

Wenn man einer älteren Dame oder einem älteren Opa die Türe aufhält ist es besonders in der heutigen Zeit - wo solche Wertigkeiten rar gesät sind - von besonderer Bedeutung. Die Reaktionen der Mitmenschen sprechen jedenfalls für sich.

Doch es gibt viele solcher Handlungen die die Elemente der Tugend hervor heben.

So gilt generell auch ein ritterlicher Akt als sittlich und nachwievor als eine Tugend.

Wenn man anderswo eine Untugend feststellt und diese für andere sichtbar darstellt oder eine Lösung der Umkehr darstellt, so findet man sehr oft Anklang des Verstandes.

Als bestes Beispiel wäre die Völlerei, wenn man sieht wie Urlauber in der Türkei in einem 5-Sterne Hotel All Inklusive das komplette Buffet mit 5 Teller pro Mann verzehren und danach im Anschluss auf den türkischen Basar Obdachlose sieht, welche sich für ein normales Brot schon freuen. Hierzu ist die Mäßigung das Gegenstück.

Einfach seinen Konsum mäßigen, sodass andere nicht soviel Arbeit haben oder andere mehr zum essen. Doch nicht nur Mäßigung sondern auch teilen mit solchen ist ein ritterlicher Akt.

Warum die Tugend mit einem Ritter oder mit ritterlich assoziiert wird, hat wahrscheinlich den Grund, dass Ritter nicht nur oft wohlhabend waren sondern auch wohlwollend, welches eine weitere Tugend von vielen Rittern war. Viele der Tugenden gehen miteinander im Einklang einher.

In der heutigen Zeit sagt man zu der heutigen Untugend möglicherweise Asozial oder unverschämt. Doch die Untugend hat mindestens genauso viele Elemente wie die Tugend an sich.

Generell ist ein Mann oder eine Frau die/der die Tugend gelernt hat, attraktiver oder wird mehr in der Gesellschaft oder generell akzeptiert.

Es ist nicht nur so das dieser Mensch von anderen Menschen wahrgenommen wird sondern auch von anderen Lebewesen viel liebevoller und auch schätzender empfangen wird.

Ein Hund zum Beispiel, welcher nur von seinem Herrschen den Zorn abbekommt, wird irgendwann den Fight oder Flight zustand nutzen. Das heißt entweder wird der Hund komplett eingeschüchtert und ohne Selbstwertgefühl sein oder er wird den Fightmodus wählen und sein Herrschen zerfleischen. Dies hängt immer von der Intensität und der Dauer des Zorn ab. Aber es ist auch die Zähigkeit des Tieres.

Das gleiche Prinzip von Zorn kann man ebenfalls auf den Menschen übertragen.

Ein Mensch kann Zorn als normal akzeptieren oder als unnormal. Sobald Zorn als unnormal in dem Verhalten aufgenommen wird, findet eine bestimmte Ablehnung oder Kampf-/Schutzhaltung statt.

auch hier ist es wieder die Lehre des Schicksals, welche man oftmals nicht steuern kann.

Man kann sich selbst steuern, sobald man sich auf andere verlässt ist man hierbei verlassen.

Auch die Legierung des eigenen Schildes bestimmen wie sehr man für die Tugend gefeilt ist und wie geduldig man mit der Untugend von anderen umgehen kann. Das heißt im Umkehrschluss jemand der die Tugend beherrscht kann nicht nur seinen eigenen Zorn beherrschen sondern auch den für den Gegenüber.

Die Tugend zu erkennen gehört zu einem der größten Pfeiler des Schildes und ist wahrscheinlich das komplette Konstrukt vom Griff des Schildes. Eine ritterliche Grifffestigkeit der Sinne und des Körpers.

Wer ein Element der Tugend beherrscht, derjenige ist bereits sehr weit im Leben gekommen. Wer alle Elemente der Tugend beherrscht, hat nicht nur seinen eigenen „Schweinehund" überwunden sonder kann auch mit dem „Schweinehund" von anderen spielend umgehen.

Man sagt immer „Hochmut kommt vor dem Fall" und so ist es auch mit der Untugend. Wer zu Hochmütig ist, wird seine Lehre früher oder später bekommen. In der Westlichen Hemisphäre ist die Hochmütigkeit besonders vertreten. The American Dream oder „Fake it until you make it" Dieses Konzept ist der Weg der Untugend.

Die Demütigkeit ist eine Art Bescheidenheit, welches nicht negativ verstanden werden muss. Vielmehr ist es auch eine Art zu dienen.

Nicht einem Herrscher zu dienen oder einem die Unterwürfigkeit zeigen. Vielmehr geht es um einen Dienst in der Gesellschaft oder die Spiritualität des Dienstes an sich. Man kann auch einer Idee dienen wie zum Beispiel einen positiven „Impact" (Einfluss) zu dienen. Im eigentlichen Sinne wäre dies einfach der eigenen Positivität zu dienen. Dies würde dem eigenen Geist Macht und Reichtum in Form von Energie zusprechen.

Menschen glücklicher als zuvor verlassen.

Räumlichkeiten sauber als vorher zu verlassen.

Obdachlose satter als zuvor verlassen.

Aus Situationen mit mehr Frieden als zuvor heraus zu kommen.

Die Reaktionen auf die Pfeiler der Tugend ist nicht nur im Außen interessant sondern auch für sich selbst wie es jemand selbst verändert und mit Positivität umgibt.

Es wird auch mit Wertschätzung einhergehen.

In manchen Kulturen ist dies ausgeprägter als in anderen.

Derzeit findet natürlich auch wieder ein Umdenken von Untugend auf die Tugend statt, womit wir in den Klimawandel nur als eine Farce zur Änderung eintauchen. Wir sind Teil des Problems an sich, denn Werte in den Menschen lassen immer mehr nach während Sachen immer mehr an Wertigkeit zunehmen.

Es gibt Sachen die können per Verdienst eines normalen Bürgers ausgerechnet werden und sind mehr Wert als ein menschlicher Lebensverdienst. Sprich, eine Sache hat einen höheren Wert als ein Mensch. In dieser Gesellschaft leben wir. Wie sollten wir hierbei auch eine Änderung erwarten, wenn nahezu eine komplette Kultur hierauf als Grundbaustein erbaut worden ist.

Doch natürlich gibt es mit der Erkenntnis an sich auch wieder Hoffnung.

Wenn der Mensch wieder die Wertigkeit erlangt, welche er verdient und Sachen wieder degradiert werden, können viele Menschen geheilt werden.

Nicht nur Geist sondern auch Körper können hierdurch geheilt werden.

Eine Heilung von einer verstümmelten Wertevorstellung, denn es ist mittlerweile eindeutig, dass manche in einer umgedrehten/verkehrten Realität verweilen. Das meine lieben Leser, ist die Untugend.

Undankbarkeit, Missgunst, Aggressivität oder einfach nur die Hochmütigkeit.

Deshalb finden Religionen auch oft einen Anklangt, da sie die Tugend predigen und somit ein erhöhtes Selbst vermitteln. Genauso tun es auch Hochschulen die einen erhöhten Wert des Geistes vermitteln. Doch ist es wirklich immer so oder lernt man hierbei immer auch ein bestimmtes konditioniertes Dogma zwischen den Zeilen.

# Wellenlängen des Geistes

Den Verstand kann man mit dem Meer vergleichen.
Stetig in Bewegung mit Ebbe und Flut von den
Gezeiten gesteuert und vom Mond beeinflusst.
Nehme ich mal an das dies stimmt.

Die Wellen werden von unserem Ego gesurft,
während sie sanft auf das Festland des Altruismus
weichen.

Es ist von Vorteil das Ego als sein „Ich" vorrangig zu
behandeln, damit man die Balance zum „wir" dem
Altrustischen Teil halten kann.

Wer kennt es wenn man krank ist, liegt man auf der
Couch und die wenigstens machen wegen einem
einen Stopp. Auch wenn man Tot ist, wird
wahrscheinlich keiner eine Auszeit oder einen Stopp
des Lebens einstellen. Hierbei ist die Selbstliebe und
der Egoismus wichtig. Man muss sich selbst gutes
tun, damit man auch die nötige Energie hat anderen
gutes zu tun.

Die Wellenlängen der verschiedenen geistigen
Menschen ist durchaus sehr abstrakt und mit
manchen wird man einige Wellen reiten und mit

manchen auch nicht. Einige werden fallen, enige werden bis zum Festland mit surfen, während andere bereits nach den ersten Metern untergehen.

Genauso ähnlich kann man das Verständnis von Menschen unterscheiden, welche eine andere Wellenlänge durch Erfahrungen und gelerntem Wissen erreicht haben.

Es ist bei manchen nicht die Wellenlänge an sich die entscheidend ist, sondern meist nur das Ego an sich.

Wie sehr beschäftige ich mich mit Themen oder wie sehr habe ich selber Erfahrungen gemacht, welche ich selbst mit anderen diskutieren oder teilen kann. Manchmal kann man dem anderen auch zeigen wie man die Welle am besten surft damit diese Menschen teil des Glückes werden.

Andererseits möchte man auch für manche Menschen nicht die Energie verschwenden, weil man sieht, dass diese Menschen vllt nur schwimmen möchten und gar nicht für das Surfen bereit sind.

Der Unterschied auf den Wellenlängen ist ab und zu so gewaltig, dass man schauen muss das man selbst nicht von seinem Surfbrett herunter fällt während man versucht anderen zu helfen.

Der Selbstschutz seines mentalen Schildes findet auch hier wieder anklang.

Die Legierung ist die Wertschätzung von sich selbst und zu erkennen wann man ausgelaugt wird oder man andere auslaugt.

Wellenlängen werden meistens auch für Kerneigenschaften von Menschen verwendet um sie zu verbinden. Sprich es gibt verschiedene Kulturen welche sich untereinander in den Kulturen aber nicht miteinander mit anderen Kulturen verstehen. Warum? Weil sie eine andere Wellenlänge haben oder andere Ansichten.

# Steuerung der Wahrnehmung

Die Wahrnehmung ist von dem „Input" also von allem was man in sich lässt entscheidend.

Manches können wir abprallen lassen, Manches jedoch nicht.

Es ist wie eine Musikanlage wo man den Play Button drückt und die Wahrnehmung der Klänge seinen Lauf nehmen lässt.

Ähnlich ist das Leben.

Wir sind teilweise dafür verantwortlich, was wir wahrnehmen durch Bücher, Filme, Musik, Menschen und Gespräche oder Orte die wir Besuchen. Es ist sind meistens die Anwender pauschalen Tätigkeiten. Doch auch die Kreationen sind entscheidend für das was andere in der Welt wahrnehmen.


Ein Buch kann ganze Dimensionen neu definieren und den Verstand für einen höheren Intellekt öffnen wie eine Box der Pandora.

Die Steuerung der Wahrnehmung ist vom direkten Umfeld entscheidend welches wir entweder wahrnehmen oder aussenden.

Die Wahrnehmung eines Adlers ist eine andere Wahrnehmung als die der Maus.

Seine Wahrnehmung kann man schulen oder man kann die verfeinern. Oftmals wird die Wahrnehmung gesteuert durch eine gesunde Ernährung wodurch Krankheiten die den Verstand vernebeln oder Chemikalien die unsere essentiellen Elemente entziehen vermieden werden können.

Hierdurch hat das „Ich" mehr Zeit sich um seine eigenen Synapsen und zur Selbstheilung zu bemühen. Die Steuerung fällt um einiges leichter wenn man darauf achtet was man in seinen Tempel hinein lässt und wie man diesen mit Wertigkeiten dekoriert.

Gewohnheiten sind ein großer Teil der eigenen Wahrnehmung. Je nach Gewohnheit entscheidet dies nicht nur den Wissensstand oder die Wellenlänge eines Menschen sondern auch die Realität von jedem einzelnen Individuum.

Sowohl die Gesundheit als auch die Erfahrung und der Intellekt sind Maßgeschneidert aus der Anpassung der Gewohnheit.

Gewohnheiten werden zur Routine während sie das Leben prägen und zuletzt natürlich auch die Wahrnehmung.

Um die Wahrnehmung zu steuern und diese in eigene Hände zu nehmen, muss man seine Gewohnheiten oftmals auch ändern um neue Aspekte des Lebens zu generieren oder neue Bereiche des Wissens zu erkunden.

Nicht nur Länder, Sitten oder Kulturen sondern auch Meinungen, Ideen und Normen sind bei der Entwicklung der Steuerzentrale von entscheidender Bedeutung.

Die Wahrnehmung ist besonders zu steuern bei Cipher texten oder Botschaften, welche meist verschlüsselt in der eigentlichen Nachricht enthalten sind.

Wer nicht zwischen den Zeilen lesen kann, wird eine andere Wahrnehmung haben als solche die diese Fähigkeit oder den Intellekt haben dies zu tun.

Wir leben oft in der Automatisierung von „Lorem Ipsum" indessen das Leben als eine Art Vorbaustein bereits definiert ist und unser Leben als Leertext mit versteckten Botschaften geschmückt wird.

Lorem ipsum ist ein zufällig generierter Text, als Kastenbaustein für Webseiten oder für Schriftsteller und vielen mehr. Doch dies kann mit dem Leben verglichen werden. Manche Menschen leben ihr Leben wie einen Leertext, welcher rein zufällig durch das Schicksal geprägt wird während andere ihr Schicksal in die eigene Hand nehmen und dies in gewisser Weise in die richtige Richtung steuern.

**Achtsamkeit**

Achtsamkeit ist hierbei besonders wichtig.

Achtsamkeit wird ausgeprägter, wenn man die Informationsflut wirklich wie ein Kaffeefilter auf das für einen selbst wichtige in seine Kaffeetasse filtert, sodass nur die wichtigsten und die ausgewählten Kaffeebohnen (Ideen) in den Stoffwechsel kommen.

So wird auch nicht alles möglicherweise aus dem Buch hier, in den Köpfen der Menschen hängen bleiben, denn das soll es auch gar nicht.

Für jeden ist etwas anderes durch seine Perspektive und durch seine Erfahrung wichtig.

Durch seine Achtsamkeit wird die Aufmerksamkeit sowieso nur dort hingelegt, was wirklich Interessant ist.

Genauso ist der Mechanismus in unseren Zellen der Erinnerung, sodass wirklich nur das Grundlegende und für uns Wichtigste in Erinnerung bleibt.

Achtsamkeit kann man trainieren. Es wird komplett von äußeren Reizen beeinflusst, sodass wir auch oft unachtsam und abgestumpft sind, weil die Umwelt (Kapitalistische Welt) sehr viel mit diversen Aufmerksamkeitsfallen unsere Achtsamkeit regelrecht entzieht.

## Wiederholung und Kurzschlussreaktion

Die Wiederholung perfektioniert nicht nur unseren Verstand sondern auch das Handeln womit wir voranschreiten.

Wenn man etwas öfter macht, liest oder singt, dann wird man bekanntlich immer besser oder selbstsicherer.

Wie beim Fitnesstraining wird der Muskel immer größer und stärker, welches beim Nachdenken und den Gehirnsynapsen ähnlich funktioniert.

Die Wiederholung ist jedoch auch ein Freund der dämonischen Umkehr.

Die Dämonische Umkehrt, hat weniger mit Dämonen zu tun sondern bezieht sich regelrecht auf das Umkehren verschiedener Tatsachen, welches mit böse oder unrecht assoziiert wird.

Das negative Beispiel einer dämonischen Umkehr in der Wiederholung sind zum Beispiel Gangsterrapper Texte die nur von Drogen und Prostitution reden. Dies wird im Unterbewusstsein viel zu oft wiederholt.

Genauso ist es auch mit einer Dauerwerbesendung, die nicht produziert wird um die Menschen zu nerven, sondern damit sie in den Köpfen (Im Unterbewusstsein) hängen bleibt.

Schaut man sich die meistgespielten Werbeslogans an, so kennt sie wahrscheinlich jeder.

Die Wiederholung kann uns wie vieles andere im Leben entweder positiv oder negativ prägen.

Kurzschlussreaktionen ist wie in einem Casino am Automat zu sitzen und zu denken man wird reich. Die Wahrscheinlichkeiten sind bereits von den Automaten ausgerechnet. Ähnlich ist es mit Lotto spielen oder anderen Sachen. Es hat nicht mit Gluck zu tun sondern mit einem Präzisen Algorithmus der in solche Systeme integriert ist.

Bei einer halb kaputten Brücke die man überqueren möchte, ist derjenige mit einer Kurzschlussreaktion möglicherweise so leichtsinnig und überquert sie dennoch.

Jemand der mit Verstand heran geht, wird entweder eine Taktik ausarbeiten oder er wird die Brücke erstmal reparieren.

Das dauert Zeit, besonders weil auch hier sehr viele Wiederholungen stattfinden um die Brücke instand zu setzen.

Kurzschlussreaktion sind aber auch nicht immer von Nachteil. In Momenten wo die schnelle Handlung gefragt ist wie zum Beispiel in einem Notfall, ist die Wiederholung nicht gewünscht. Es ist auch keine Zeit dazu.

Hierbei kommt zum Beispiel die Wiederholung einer Feuerwehr zu Gute, welche sehr geübt sind in Notfälle und eine gewisse Routine haben.

Menschen mit einer vorherigen gelernten Routine mit Wiederholung sind immer denen ohne Wiederholung überlegen.

Wenn dich eine Sache interessiert, dann wiederhole sie einfach so oft, das sie in deiner Handlung oder deinem Denken manifestiert wird.

Heutzutage ist das Manifestieren ja so modern, obwohl dies ein natürlicher Prozess ist der bei vielen automatisch jeden Tag stattfindet. Besonders bei denen die nicht nur ausführen sondern auch Fragen stellen und Wissen einführen.

Ein guter leiser Song ohne Text, wäre dieser:

„After the Rain there will always be the sun"

„Nach dem Regen wird immer die Sonne da sein"

Song - Fabrizio Paterlini

Die Mixtur aus Regen und Sonne, lässt unsere Flora und Fauna wachsen.

Genauso ist es mit Chaos und Ordnung.

Genauso ist es mit Kurzschlussreaktion und Wiederholung.

In dieser Gesellschaft wird vieles stigmatisiert, doch es gibt auch immer eine Kehrseite.

Die Natur ist das blühende Beispiel in ewiger Zerstörung und im ewigen Konstrukt, ähnlich wie der Mensch.

Viele Menschen sind sehr selbstzerstörend oder werden zerstört von anderen, sodass sie wachsen, härter werden oder aber sich selber besser steuern können.

## Sorge, Intervention und Prävention

Die Sorge das etwas passieren kann oder das etwas passieren wird. Viele beschäftigen sich zu oft mit Sorgen die noch gar nicht erst da sind oder nie eintreffen. Wie Magie werden sie in die Köpfe durch etliche Aufmerksamkeitsmedien gebrannt. Doch warum solltest du dir sorgen machen. Frag dich immer woher die Sorge kommt und wieso diese Sorgen überhaupt ausgelöst werden.

Wer möchte das du dir Sorgen machst?

Wer gibt dir die Information das Sorge überhaupt entsteht?

Hierbei ist vor Allem nicht nur die Sorge sondern auch die direkte Lösung als Vorsorge bekannt.

Vorsorge ist praktisch die Prävention also das vorherige nehmen oder beschäftigen mit einer Sache bevor die Sorge erst eintritt oder zeitgleich vorhanden ist. Oft auch bevor überhaupt die Realität eintritt.

Mit der Vorsorge ist immer eine Handlung an sich verbunden. Etwas einnehmen. Etwas weglassen. Etwas kaufen.

Vorsorge ist ein großer Markt für wirtschaftliche Ziele, da viele Sorgen - besonders in Krisen oder Pandemien - haben.

Hier wird man oft mit der Produktlösung unmittelbar zeitgleich zur Vorsorge abgeholt.

Ein gutes Beispiel ist die Vorsorge für Gebärmutterkrebs, indem man die Eierstöcke rausholt oder einfach eine Impfung hinzu gibt.

Eine weiteres Vorsorgebeispiel ist eine Krankheit die man noch nicht hat, aber sich auf diese Krankheit mit Produkten vorzubereiten und sich diese sogar zu injizieren.

Ich frage, macht es Sinn das man sich manchmal extra hinfallen lässt damit man im Fallen geübt ist?

Macht es nicht eher Sinn, sich zu zu stärken und die Ursache des Fallens gar nicht erst auftreten zu lassen. Ähnlich wie bei der Wiederholung, kann ein älterer Mann solange seine Beine trainieren, sodass er nicht fällt.

Die Intervention. Oft ist es gut zu intervenieren, wenn manche in Sorge oder Vorsorge zu verfallen drohen. Doch oft ist es auch nicht von guter Tat, wenn sie wirklich Felsenfest von ihrer Vorsorge und Sorge überzeugt sind.

Manches Leid oder manche Symptomatik sollte man einfach so lassen, wie sie ist, denn versuchen wir sie zu verstehen oder lassen wir uns auf bestimmte Wellenlängen herab, ohne das dies gewünscht ist, so wird oft mehr Schaden als Heilung angerichtet.

Das Intervenieren hat sehr viel mit Aufmerksamkeit und Feingefühl zu tun.

Menschenkenntnisse und auch die eigene Kenntnis seiner Steuerung sind hier sehr wichtig und notwendig damit man niemanden direkt vor den Kopf stößt.

Es ist immer einfach Informationen zu erklären, doch wenn man in die Umsetzung kommt oder kommen muss, ist die Wiederholung von entscheidender Bedeutung.

Wie bereits erwähnt, wenn man das Intervenieren lernt und die Mechanismen wiederholt, dann ist man der geschliffene Diamant der andere Steine in eine gewisse Richtung lenken kann.

Es ist nicht immer von Entscheidung was man macht oder was man dafür braucht sondern mit welcher Passion und mit welcher Wiederholung man etwas macht um es zu perfektionieren.

Man kann einen Stein direkt in den See werfen und er geht unter oder man kann dem Stein mit der richtigen Technik die Möglichkeit geben über den See zu Hüpfen, sodass der Stein seine eigenen Höhenpunkte wahrnehmen kann.

# Optimierung des Intellektes

Wir alle sind nicht eintönig dumm oder schlau geboren. Ob Intelligenz wirklich vererbbar ist oder in den Genen bereits codiert ist, wage ich zu bezweifeln.

Mindestens ein Teil des Intellektes erwerben wir direkt durch das Wasser was wir trinken, die Musik die wir hören, die Nahrung welche wir essen und zu hundertprozentiger Wahrscheinlichkeit auch durch die Kontakte welche wir pflegen.

Alles was wir Zeit widmen und unsere Zeit einnimmt ist an der direkten Stagnierung oder dem Wachstum beteiligt.

Theorien, Studien, Mythen, Legenden, Geschichten, Erzählungen und Märchen haben alle etwas gemeinsam, sie kommen von jemanden, der Sie zum Leben erweckt hat. Dabei ist es nicht wirklich entscheidend ob dies der Wahrheit entspricht sondern eher wie sehr dies als Realität akzeptiert werden kann.

Intellekt fängt da an wo Unwahrheiten und erfundene Wahrheiten erkannt werden.

Genau dort wird man nicht nur das gesagte von einem Individuum hinterfragen sondern auch den Porscheverkäufer bei seinem Deal des Jahres oder den Arzt bei seinem Pharmavertrag welcher das Krankenhaus finanziert.

Man würde glauben viele Menschen hinterfragen, aber in der Wahrheit sind ganz wenige die froh sind das sie nicht der sind dem es schlechter geht und das Leben einfach genießen können.

Kaum einer hinterfragt diverse Dinge die für manche schon wie ein Brandmal in die Gehirne gebrannt ist.

Kaum einer.

Genau dort aber ist es wo der Intellekt anfängt zu wachsen. Wenn wir aufhören fragen zu stellen, ist es der geistige Zaun in der kognitiven Spanne des Wissens. Für uns selbst wissen wir vllt schon genug. Den ein oder anderem reicht es den Unterschied zwischen Cola und Fanta zu wissen, während der andere sein eigenes Wasser produziert und alle Mineralien kennt, welche für den Körper gut sind.

Intellekt ist ein weitreichendes und spannendes Thema. Ein Fluss im Leben, welcher nie aufhören sollte.

Die Gesamtverblödung von einzelnen Schichten der Gesellschaft oder generell führt auch dazu das andere entweder in die Massenverblödung hinein gezogen werden.

Doch auch ins Gegenteil zum Kontrast des Intellektes werden viele automatisch in Krisenzeiten oder im Chaos gelenkt, denn eine Notsituation führt auch oft dazu das man sich aus dem Alltag heraus zieht und sich wirklich mit manchen Dingen auseinander setzt.

Genau wie der BWL-Stundent setzt man sich an ein Thema was einen selbst anspricht und man selber dazu lernt und nicht um eine gewisse Schublade im System abdecken zu können.

Es gibt nämlich einen großen Unterschied, von einem Intellekt der Systemrelevant ist und einem Intellekt der nicht Systemrelevant ist.

Ein Computer zum Beispiel möchte seinen Arbeitsspeicher nur für sich arbeiten sehen und nicht für sich selber oder für andere Computer.

Der Arbeitsspeicher führt alle Prozesse immer ordnungsgemäß aus, bis er eines Tages aus dem Computer in einen anderen Verbaut wird.

Der Arbeitsspeicher ist immer noch genauso Leistungsfähig wie vorher, doch muss nun andere Prozesse ausführen. Kein Problem, er wurde genau für diese Art und Weise konzipiert.

Das was der Arbeitsspeicher und ein systemrelevanter Intellekt oder gänzlich ein Mensch gemeinsam haben, ist die Fähigkeit auszuführen ohne zu viele Fragen zu stellen.

Zuwider dem eigentlichen Intellekt, welcher davon ausgeht das die komplette Welt erkundet werden muss.

Sind wir also wirklich nur dafür da um in einem uns zufriedenstellenden Intellekt zu verharren oder müssen wir einen Schritt weiter gehen?

Erfindungen und neue Erkenntnisse kommen jedenfalls von Menschen die den Intellekt besitzen, über den Tellerrand hinaus zu schauen, Fragen zu stellen und ihre Antworten selber zu suchen.

# Die Quelle des Missstandes

Die Quelle von allen Missständen liegt nicht innerhalb der Natur selbst. Alle Menschen auf dieser Welt passen in New York rein. Jedenfalls vor den 8 Billionen. Doch die Botschaft bleibt ähnlich.

Wir sind nicht zu viele, denn die Quelle liegt in einem solchen Denken und in solch einer Annahme.

Es sind eher zu viele, die nicht nachdenken, nicht hinterfragen und zu viel ausführen. Davon sind wir in der Tat zu viele.

Jeder führt ab und zu aus und auch das sollte nicht stigmatisiert werden. Es dient zur Anregung der Denkzellen.

Die Natur ist im perfekten und unperfekten Einklang.

Warum sind wir so sehr darauf aus alles zu ändern, wenn doch für uns alles zur Verfügung steht.

Nein wir erfinden Menschen neu.

Nein, wir erfinden Essen neu.

Nein, wir erfinden Wohnraum neu.


Immer wenn es ein „Neu" gibt, verdient genau das System, welches das „Neu" einführt an Macht, Reichtum oder generell Profit durch alle Dinge die dem Sinn zum Profitieren dienen.


Vielen Menschen kommen nicht in das Leben von einem, um Liebe, Anerkennung oder gutes zu geben.

Die meisten kommen in das Leben anderer wegen einer bestimmten Absicht. Auslaugen, Informationen aussaugen, Bekanntheitsgrad genießen, Reichtum, Macht oder diverse andere Beweggründe.


Es ist leider so, dass nur sehr wenige einen Beweggrund im projizieren von positiver Energie erachten.

Das Geben und Nehmen. Wir kennen es aus der Synergie des Verstandes.

Ein bekannter Redner hat mal gesagt im Jahr 2022 leben wir nicht mehr im Leitspruch von Darwin „Survival of the Fittest" sondern sind im „Survival of the Unfittest" angekommen.

Die dämonische Umkehr ist soweit voran geschritten, sodass gesunde Menschen als Krank deklariert werden und kranke als gesund.

Doch nicht nur das, sondern er sagte dies vor Allem weil nur noch Feiglinge die Welt regieren.

Sie schicken tausende Männer in den Krieg, aber sitzen in ihren Ledersesseln.

Sie lassen tausende Menschen arbeiten, aber lehnen sich in ihrer Luxusvilla bequem zurück.

Sie wissen wie man andere für Sachen zur Rechenschaft zieht oder sie für Dinge verantwortlich macht die sie gar nicht schuld sind.

Verrat, Anschwärzung, Erzeugung von Sorgen und Missgunst. Jemand der Aufsteht und seine Meinung sagt, hat in dieser Gesellschaft nicht mehr viel zu melden. Besonders weil viele Gleichgeschaltet sind, muss man schon regelrecht aufpassen, dass man nicht als „unsolidarisch" oder ähnliches bezeichnet wird.

Survival of the unfittest bedeutet das Überleben des schwächeren. Der Schwächere macht es sich zur Aufgabe die Untugend zu perfektionieren.

Was wäre zu diesem Gegensatz dann ein Mann oder eine Frau die die Tugend beherrscht?

Nichts, denn heutzutage sind wir sehr von der Untugend und der dämonischen Umkehr (Falschwahrheit) geprägt.


Der süße Klang einer Heilung.

Die märchenhafte Befreiung aller unserer Sorgen.

Die herausragende Lustbefriedigung.


Die Verführung einer Lüge, macht die Information nicht zu der Wahrheit auch wenn es schöner klingt.


Warum suchst du denn immer woanders für die Quelle des Missstandes.

Es ist nicht irgendwo, sondern die Hauptquelle sind wir selbst. Jeder einzelne. 8 Billionen Menschen und kontrolliert von wievielen?

Ihr habt aufgehört zu denken?

Ihr kennt den Unterschied zwischen Untugend und Tugend nicht?

Ihr kennt die Quellen von Problemen nicht mehr weil ihr mit Symptobehandlung zufrieden seid?

Ihr macht mehr Sorgen als Lösungen?

Kein großes Wunder das so viele Menschen beherrscht werden können durch ausgeklügelte aber auch einfache Mechanismen.

Eine alte Frau aus Asien sagte einmal, warum und wieso bewegen sich so viele Menschen in einem Fitnessstudio um Muskeln zu bekommen.

All diese Energie der jungen Leute, wohin geht die?

Warum arbeiten die nicht wie andere und bekommen automatisch Muskeln?

Es ist jedenfalls eine berechtigte Anmerkung.

Energie im Fitnessstudio wird verschwendet. Es wird weder Strom damit produziert noch wird hier etwas bewegt außer Eisen in der Luft. Hin und zurück.

On Top kommt noch, das die Leute dafür bezahlen um ihre Energien zu verschwenden.

Was damit verdeutlicht werden soll ist, dass wir selber entscheiden können ob wir unsere Energien einsetzen um etwas zu bewegen oder nicht.

Wir sind die Quelle der Unterdrückung.

Wir sind die Nachfrage. Das Angebot wird ganz alleine von der Nachfrage bestimmt.

Wenn wir gewisse Dinge nicht Nachfragen, dann werden sie automatisch aus einem gewissen Konzept verschwinden, weil sie nicht gebraucht werden.Sie machen keinen Umsatz.

Genauso ist es mit Energien. Wir müssen aufhören die Fehler bei anderen zu suchen und bei uns selbst anfangen.

# Ein Appell zur Erinnerung

Zuletzt einen Appell zur Erinnerung.

Erinnert euch wer ihr seid, nicht was ihr aus den Augen der anderen seid oder innerhalb eines Systems seid.

Erinnert euch an euch selbst, an eure lustigen und an eure freudigen Momente.

Wer seid ihr wenn die Zeit stehen bleibt und niemand zuschaut.

Vor Allem warum seid ihr nicht genau diese Person.

Ohne alle Masken und Personen die ihr spielt.

Wer seid ihr wenn es der Kampf zwischen euch selbst und dem eigenen Schweinehund ist?

Niemand kann in die Köpfe der anderen hinein schauen und sich wirklich vorstellen, welches Leid oder welche Erfahrung die andere Person wirklich durchgemacht hat oder durchmacht.

Erinnert euch manchen Menschen Zeit zu geben euch zu sehen und erinnert euch auch daran, euch selbst die Zeit zu geben die ihr braucht.

Die Erinnerung.

Erinnert euch wie frei ihr als kleines Kind wart.

Erinnert euch daran wie eure Legierungen des Schildes von Tag zu Tag anders sind und sich von Buch zu Buch oder von Erfahrung zur Erfahrung verändern.

Seid euch der Fassaden bewusst. Nutzt euer Schild und erinnert euch an die Kämpfe, die Siege und die Schlachtfelder die bereits hinter euch gebracht worden sind.

Der Weg den ihr voranschreitet ist nur mit dem Intellekt und den Muskeln möglich, welche aus eurer Vergangenheit genau diesen Menschen in der Gegenwart erbaut haben.

Erinnert euch daran zurück was ihr wollt und wo ihr hingehört.

Die Rettung des Lichtes und die Elemente der Tugend werden euch leiten.


Ihr werdet voranschreiten.

Zeitfracht Medien GmbH
Ferdinand-Jühlke-Straße 7
99095 Erfurt, Deutschland
produktsicherheit@kolibri360.de